Presentada a

_____

por

_____

Fecha

_____

MI PRIMERA
BIBLIA
EN CUADROS

MI PRIMERA
BIBLIA
EN CUADROS

KENNETH N. TAYLOR

con ilustraciones de John Dillow

Publicado por
Editorial Unilit
Miami, Fl. 33172, EE.UU.

Primera edición 2005

Las historias bíblicas fueron adaptadas del libro
My First Bible in Pictures por Kenneth N. Taylor,
originalmente publicado en inglés por Tyndale House Publishers, Inc.
© 1989 Tyndale House Publishers, Inc.
Todos los derechos reservados.

© 2004 por Tyndale House Foundation.
Todos los derechos reservados.

Portada e ilustraciones por John Dillow.
© por Tyndale House Publishers, Inc.
Todos los derechos reservados.

Coedición mundial organizada y producida por Lion Hudson plc.,
Mayfield House, 256 Banbury Road, Oxford OX2 7DH UK.
Tel: +44 (0) 1865 302750 Fax: +44 (0) 1865 302757
Correo electrónico: <u>coed@lionhudson.com</u>
www.lionhudson.com

Traducción: Anita Hernández

Producto 494692 •ISBN 0-7899-1324-0
Producto 494693 •ISBN 0-7899-1325-9 (agarradera)

Impreso en Singapur
Printed in Singapore

Nota importante para los padres:

Sus pequeños hijos pueden llevar este libro de historias bíblicas a la iglesia. No lo deje en el estante de libros durante la semana. Léalo con sus hijos en casa. Las historias e ilustraciones introducen al niño al fascinante mundo de la Biblia. Lo que siembre en su pequeña vida le hará crecer en las cosas de Dios. Estas historias enseñan de Dios y de su Hijo Jesucristo y lo que Él pide para vivir en rectitud y verdad.

Muchas de estas historias tienen aplicaciones obvias para sus niños. Una simple pregunta hará captar la verdad de cada historia, ayudando a grabar en la mente de sus niños los hechos más importantes.

Por muchos años yo he estado escribiendo para ayudar a los niños a crecer en la gracia de Dios. Espero que este libro, como uno de los esfuerzos finales de mi vida, realice su propósito en las vidas de sus niños. Que Dios bendiga a cada niño en forma especial.

Kenneth N. Taylor

El artista dibujó una pequeña paloma
en cada cuadro de este libro.
¿Puedes encontrar la paloma en cada ilustración?
Algunas veces está muy escondida.

Dios creó todo el mundo. Él hizo las flores, los árboles, el agua y las estrellas. Dios hizo el sol para que tuviéramos luz durante el día. El sol nos calienta cuando estamos afuera en días soleados. ¡Gracias Dios, por hacer el sol!

¿Quién hizo el sol?
GÉNESIS 1

Adán fue el primer hombre y Eva la primera mujer. Dios los hizo. Les dio un lugar precioso para vivir que se llamaba el jardín del Edén. Ellos estaban muy felices. Dios también hizo los animales. Fíjate en el elefante.

¿Dónde está la cebra?

¿Quién hizo a Adán y a Eva?

GÉNESIS 1 – 2

8

Adán y Eva estaban arrepentidos y tristes. Ellos hicieron algo que Dios les dijo que no hicieran. Y ahora Dios los está castigando. Ellos tienen que irse de su hogar bonito en el jardín del Edén. Los ángeles no los dejarán regresar.

¿Por qué Adán y Eva se fueron de su bonito hogar?

GÉNESIS 3

Adán y Eva tenían dos hijos. Se llamaban Caín y Abel. Abel era obediente a Dios, pero Caín no obedecía a Dios. Caín estaba furioso y mató a Abel. Eso estuvo muy mal. Adán y Eva estaban muy tristes. Dios también estaba triste.

¿Cómo se llamaban los hijos de Adán y Eva?
GÉNESIS 4

Dios le dijo a Noé que construyera un barco muy grande. Lo que se llama un arca. Los hijos de Noé le ayudan a construir. El arca no está en el agua. Pero pronto comenzará a llover y habrá agua por todos lados. Noé y su familia estarán a salvo en este barco.

¿Dónde estarán Noé y su familia cuando comience a llover?

GÉNESIS 6

Noé terminó de construir el barco. Entonces Dios le dijo que introdujera dos animalitos y dos aves de cada especie, en el barco. Hay dos jirafas, dos tigres y dos patos. Ellos estarán seguros en el arca cuando el diluvio venga.

¿Cuántos canguros hay?

GÉNESIS 7

17

Y llovió, llovió, llovió... Hasta que todo estaba cubierto de agua. Pero el barco de Noé está flotando en el agua. Sí, Dios cuidó a Noé y su familia y a los animales en el barco. Dios también cuidará de ti.

¿Quiénes están en el barco?
GÉNESIS 7

La gente está construyendo una torre muy grande. Se llama la torre de Babel. Las personas creen que pueden construirla hasta el cielo. Dios no quiere que construyan esta torre. El los detendrá. De pronto, no se entendían los unos a los otros. Comenzaron a hablar en diferentes idiomas.

¿Quién hizo que la gente dejara de construir la torre?
GÉNESIS 11

Abraham era un amigo especial de Dios. Su esposa se llamaba Sara. Dios le ordenó a Abraham que se fuera a vivir a otro país. Dios le dijo que le daría una tierra para él y para su familia y vivirían en ella para siempre. Abraham tiene muchos borreguitos y burros. ¿Puedes señalarlos?

¿Cómo se llama el hombre de nuestra historia? ¿Cuál es el nombre de su esposa?
GÉNESIS 12

Abraham y su esposa Sara estaban muy tristes porque no tenían hijos. Pero, ¿quién es ese niño grande? Ahora tienen un hijo. Se llama Isaac. Ellos están contentos porque Dios contestó su oración y les dio un hijo.

¿Cómo se llama el hijo de Abraham y Sara?

GÉNESIS 21

Cuando Isaac creció, se casó con Rebeca y tuvieron un hijo, y le llamaron Jacob. Jacob estaba muy cansado y recostó su cabeza en una piedra y se durmió. Tuvo un sueño en el cual veía ángeles que subían y bajaban del cielo. Entonces Dios le dijo a Jacob. "Yo te cuidaré".

¿Qué soñó Jacob?
GÉNESIS 28

27

Jacob tenía un hermano gemelo llamado Esaú. Cuando ellos crecieron tuvieron una gran discusión. Jacob se fue de su casa. Finalmente Jacob envió un mensaje a Esaú. Y le dijo que esperaba que ellos fueran amigos otra vez. Ahora ellos están contentos de verse.

¿Cómo se llaman los hermanos de esta historia?

GÉNESIS 33

El anciano se llama Jacob. Tiene doce hijos. Él ama mucho a su hijo José. Jacob le regaló una túnica bonita de colores. Los hermanos de José estaban enojados porque su papá no les dio también a ellos túnicas como la de José. Ellos deberían estar contentos por José.

¿Qué regalo le dio su papá a José?
GÉNESIS 37

El nombre de este bebé es Moisés. La joven es una princesa. Ella encontró al bebé en una canasta en el río. Hombres malos querían matar al bebé. Dios mandó a la princesa para que encontrara al bebé Moisés y lo cuidara.

¿Dónde encontró la princesa al bebé Moisés?

ÉXODO 2

33

Ahora Moisés es un hombre. Un día vio un árbol que ardía y no se quemaba. Dios habló con Moisés desde el árbol. Dios le dijo: "Ve y ayuda a mi pueblo". Moisés tenía miedo al principio, pero Dios le dijo: "Yo te ayudaré".

¿Qué le dijo Dios a Moisés que hiciera?

ÉXODO 3

35

El pueblo de Dios vivía en Egipto. El hombre con el látigo les exige que trabajen más duro. Ellos pedirán a Dios que los ayude. Dios enviará a Moisés para que este hombre no les siga castigando. Moisés ayudará a su pueblo.

¿Quién ayudará al pueblo de Dios?
ÉXODO 5

37

Moisés le dijo a Faraón que dejara al pueblo de Dios salir de Egipto. Faraón dijo que no. Dios mandó muchas moscas, ranas y otras plagas para castigar a los de Egipto. Pero Faraón todavía decía no. Finalmente Dios le dijo que mataría al hijo mayor de cada familia.

¿Qué le dijo Moisés a Faraón?
ÉXODO 7 – 11

39

Moisés le dijo al pueblo de Dios que pusiera sangre arriba de sus puertas y a los lados. Dios no mataría a nadie en su casa si veía la sangre en la puerta. La noche que esto sucedió se llama la Pascua. Al fin, el Faraón dijo que dejaría ir al pueblo de Dios, y esa noche salieron.

¿Por qué hay sangre arriba de la puerta?
ÉXODO 12

El pueblo de Dios está caminando en medio del Mar Rojo. ¿Puedes ver el agua detenida en los dos lados? Cuando Moisés levantó su vara, Dios hizo que el agua se abriera. Ahora la gente puede caminar por tierra seca.

¿Quién hizo que el agua se abriera?
ÉXODO 14

Esta familia está recogiendo pedacitos de pan. Dios mandó pan del cielo para que su pueblo no tuviera hambre. Dios daba de comer a su pueblo cada mañana. Fíjate en la niña que está dando gracias a Dios.

¿De dónde vino el pan?
ÉXODO 16

El pueblo de Dios tenía mucha sed pero no tenían agua. Dios le dijo a Moisés que golpeara una piedra con su vara. Cuando la golpeó, Dios hizo que de esa piedra saliera agua. Entonces todos bebieron.

¿Qué pasó cuando Moisés golpeó la piedra con su vara?

ÉXODO 17

46

Moisés está escuchando a Dios. Dios le está dando a Moisés diez reglas muy importantes que Él quiere que su pueblo obedezca. Dios escribió estas diez reglas en dos tablas de piedra. Estas reglas se llaman los Diez Mandamientos.

¿Cómo se llaman las diez reglas de Dios?

ÉXODO 20

¡Oh, no! ¿Qué es lo que el pueblo de Dios está haciendo? Ellos han hecho un ídolo que se parece a un becerro. Están adorando al ídolo en lugar de a Dios. Esto ha enojado y entristecido a Dios. Dios tiene que castigarlos por esto.

¿Qué es lo que estas personas están haciendo? ¿Por qué esto es malo?
ÉXODO 31 – 32

51

Esta bonita carpa se llama el Tabernáculo. Era la casa de Dios en el desierto. La gente venía a este lugar para dar gracias a Dios y orar. La gente adoraba a Dios en el Tabernáculo. Era su iglesia.

¿Tu iglesia se parece al Tabernáculo?

ÉXODO 35 – 36

53

Moisés lleva a esta gente a un viaje largo. ¿Cómo sabrá Moisés a dónde ir? Él está mirando hacia arriba para ver una nube especial que Dios les puso. Moisés y el pueblo siguen hacia donde Dios mueve la nube.

¿Quién mueve la nube?
ÉXODO 40

55

¡Mira esas grandes uvas que estos hombres están cargando! Estos hombres se llaman Caleb y Josué. Las uvas crecieron en la tierra que Dios prometió darle a su pueblo. Ellos están apurados por llegar a sus casas y enseñar a sus amigos las cosas buenas que crecen en la Tierra Prometida.

¿Dónde crecieron las uvas?
NÚMEROS 13 – 14

Serpientes están mordiendo al pueblo de Dios y algunas personas han muerto. Dios le dijo a Moisés que hiciera una serpiente de bronce. Las personas que fueran mordidas por las serpientes podían mirar a la serpiente suspendida en un asta y Dios les sanaría.

¿Quién sanó a la gente?
NÚMEROS 21

Dios no quería que Balaam fuera por este camino. Dios envió un ángel para detenerlo. Cuando el burrito vio al ángel, se detuvo y Balaam golpeaba al burrito para que caminara. Entonces el burrito habló y le preguntó: "¿Por qué me pegas?". Cuando Balaam vio al ángel supo por qué el burrito no caminaba.

¿Qué fue lo que el burrito dijo?
NÚMEROS 22

61

Josué era ahora el líder del pueblo de Dios. Dios le dijo que destruyera la ciudad de Jericó. Josué y el pueblo caminaron alrededor de los muros, tocaron trompetas y gritaron. Ahora las paredes se están cayendo para que el pueblo pueda entrar.

¿Qué está pasando con los muros de Jericó?
JOSUÉ 6

Gedeón quería llevar diez mil hombres para pelear con los enemigos de Dios. Dios sólo quería que llevara unos pocos soldados. Dios le dijo a Gedeón que escogiera sólo trescientos hombres, los que tomaran el agua con sus manos. Gedeón tenía miedo de tener un ejército tan pequeño, pero Dios le dijo que le ayudaría.

¿Cuántos soldados escogió Gedeón?
JUECES 7

Sansón era un hombre muy fuerte. ¡Mira como rompe las cuerdas fácilmente! Una vez él mató a un león con sus manos. Otra vez derribó un palacio para castigar a los enemigos de Dios. Dios lo hizo fuerte para que ayudara al pueblo de Dios.

¿Cómo se llama este hombre?
JUECES 15

66

El hombre del vestido verde se llama Job. El es un buen hombre que siempre trata de hacer lo que Dios dice. Entonces Satanás le pidió a Dios que dejara que le pasaran cosas terribles a Job. Dios lo permitió para saber si Job lo amaba. Job estaba muy triste pero amaba a Dios. Después Dios dio a Job muchas bendiciones.

¿Job amaba siempre a Dios?

JOB 1

La señora vestida de azul es Noemí. Ella está triste porque su esposo e hijos murieron. Rut está tratando de ayudar a Noemí para que se sienta mejor. Ella se quedará con Noemí. Dios quiere que ayudemos a los demás. ¿Qué puedes hacer para ayudar a otros?

¿Cómo se llama la señora que está ayudando a Noemí?
RUT 1

Samuel era un niñito que vivía en el Tabernáculo y ayudaba a Elí el sacerdote. Una noche él oyó una voz que le llamaba. Primero pensó que era Elí. Pero era la voz de Dios. Dios tenía un mensaje para Samuel. Samuel escuchó a Dios y obedeció.

¿Quién estaba llamando a Samuel?
1 SAMUEL 2

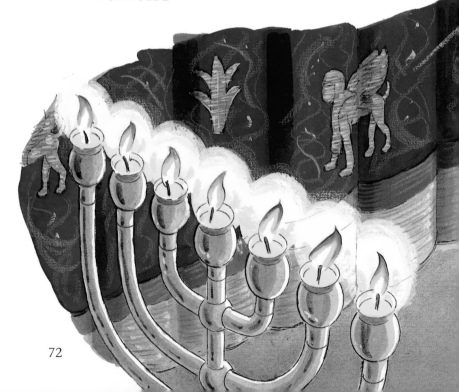

Después que Samuel creció, el pueblo de Dios quería un rey. Dios no estaba contento con esto. Él sabía que vendrían problemas. Pero Dios escogió a Saúl para que fuera el rey. Saúl era alto y guapo y Samuel le dijo a la gente: "Aquí está su nuevo rey, obedézcanle".

¿Cómo se llamaba este rey?
1 SAMUEL 8

David era un amigo especial de Dios. Cuando era niño cuidaba las ovejas de su padre. ¿Puedes ver el arpa al lado de él? Él escribía canciones bonitas para decirle a Dios que le amaba. Muchos de sus cantos están en la Biblia y se llaman Salmos.

¿Qué escribía David?

1 SAMUEL 16

$\mathbf{E}$ste león se quiere comer las ovejas de David. ¿Puedes señalar al león? ¿Dónde están las ovejas? Dios hizo a David fuerte y valiente. Con la ayuda de Dios, David podrá matar al león para que no pueda lastimar a las ovejas.

¿Podrá el león lastimar a las ovejas?
1 SAMUEL 17

Goliat quiere dañar al pueblo de Dios con su lanza y su espada. David está usando su honda para tirar una piedra a Goliat. David sabe que Dios le ayudará. La piedra le pegará en la frente a Goliat y caerá muerto. El pueblo de Dios estará a salvo.

¿Quién mató a Goliat?
1 SAMUEL 17

El rey Saúl tenía un hijo llamado Jonatán. David y Jonatán eran muy buenos amigos. Pero el rey Saúl quería matar a David. Jonatán ayudó a David a esconderse del rey. Jonatán sabía que tenía que obedecer a Dios y ayudar a David aunque su padre dijera que no. Tú y yo debemos obedecer a Dios siempre.

¿Quién era el amigo de David?
1 SAMUEL 20

82

Es de noche y el rey Saúl duerme. Él ha estado buscando a David para matarlo. David ha tenido que esconderse, pero ahora ve al rey Saúl. ¿Crees que debería matar al rey? Dios no quiere que le haga daño. David obedecerá a Dios.

¿David le hizo daño al rey?
1 SAMUEL 26

Samuel ha envejecido pero todavía está sirviendo a Dios. Dios le dijo que ungiera la cabeza de David con aceite de oliva. Así fue como Dios hizo ver a todos que David iba a ser el próximo rey del pueblo de Dios. Dios ayudará a David a ser un buen rey.

¿Quién será el nuevo rey del pueblo de Dios?

1 SAMUEL 16

Ahora David es el rey de Israel. La gran caja de oro que está detrás de él se llama el Arca del Pacto. Él está danzando de alegría. David ama a Dios y Dios lo ama a él. Dios también te ama a ti. Tú también deberías estar contento.

¿Por qué el rey David está tan contento?
2 SAMUEL 6

Esta mujer tan bonita es Betsabé. El rey David hizo algo muy malo. Él mató al esposo de Betsabé para casarse con ella. Cuando David hizo eso, rompió algunas de las más importantes reglas de Dios. Esto enojó mucho a Dios y por eso castigó a David.

¿Por qué Dios estaba tan enojado con David?

2 SAMUEL 11 – 12

Este es Absalón el hijo de David. Los soldados del rey lo estaban persiguiendo porque no obedeció al rey. Absalón iba en su burrito por debajo de un árbol. Su pelo se enredó en las ramas, y su burrito lo dejó allí colgado. Después los soldados de David lo encontraron.

¿Qué pasó con el pelo de Absalón?
2 SAMUEL 18

David tiene otro hijo llamado
Salomón. El siervo de Dios, Natán, está
poniendo sus manos en la cabeza de
Salomón para hacerlo el nuevo rey.
Salomón le pidió a Dios que lo hiciera
un rey sabio. Dios estaba contento con
Salomón y le dio una gran sabiduría.

¿Qué le pidió Salomón a Dios?
1 REYES 1

95

Estas dos mujeres están peleando por un bebé. Cada una dice que es de ella. Dios hizo a Salomón saber quién de verdad era la madre. Entonces todos agradecieron a Dios por darles un rey sabio.

¿Por qué las mujeres estaban discutiendo?
1 REYES 3

El rey Salomón construyó una iglesia muy bonita para Dios, la cual se llamó el Templo. ¿Puedes verlo ahí? Él está dando gracias a Dios. El rey está muy contento porque está sirviendo a Dios. Tú y yo también podemos servir a Dios. Esto hará feliz a Dios.

¿Qué construyó el rey Salomón?

1 REYES 8

El rey Salomón está quebrantando una de las reglas más importantes de Dios. ¿Sabes qué mal está haciendo? Él está orando a estos animales hechos de oro. Nosotros sabemos que él sólo debe orar a Dios. Dios está enojado con él y mandará muchos problemas a la vida de Salomón.

¿Qué mal hizo Salomón?
1 REYES 11

Elías es el siervo de Dios. Él es llamado un profeta. Elías tiene mucha hambre. Él ama a Dios, por eso Dios mandó a estos pájaros que le trajeran comida. ¿Puedes ver el pan que le están trayendo? Dios está cuidando de él. Dios también cuida de ti.

¿Qué le trajeron los pájaros a Elías?
1 REYES 17

Elías le pidió a Dios que mandara fuego del cielo. ¿Puedes señalar a Elías? Él tiene sus manos levantadas a Dios. Elías está mostrando que Dios es poderoso. ¿Contestó Dios la oración de Elías? ¡Sí! ¡Mira el fuego que Dios mandó!

¿Qué mandó Dios del cielo?
1 REYES 18

105

¿Qué está pasando aquí? ¡Dios ha mandado caballos de fuego, y una carroza de fuego también, para llevar a Elías al cielo! Nadie vio a Elías otra vez. Él está en el cielo con Dios. Eliseo será el nuevo profeta.

¿De qué está hecha la carroza?
¿Adónde Dios se llevó a Elías?
2 REYES 2

107

La única cosa de comer que esta señora tiene es un poco de aceite de oliva en una vasija. El nuevo siervo de Dios, Eliseo, le dijo a ella que vaciara el aceite en muchas otras vasijas. ¡Ella vació y vació, pero el aceite de la vasija no se acababa! Ahora ella puede vender las vasijas de aceite de oliva y comprar comida.

¿Cómo Eliseo ayudó a la mujer?

2 REYES 4

Esta mujer es amiga de Eliseo. Un día su niñito se enfermó y murió. La madre corrió en busca de Eliseo y le pidió ayuda. ¡Eliseo oró y el niño revivió! Los padres del niño estaban contentos. ¡Dios puede hacer cualquier cosa!

¿Qué le pasó al niño?
2 REYES 4

111

El hombre en la carroza está enfermo. La niñita le dijo que el siervo de Dios, Eliseo, podía curarlo. Naamán fue a buscar a Eliseo. Cuando Eliseo oró, Naamán se curó.

¿Qué le dijo la niñita a Naamán?

2 REYES 5

¿Puedes ver el árbol derribado? Estos hombres lo cortaron con un hacha. El hacha de uno de ellos cayó en el río y se hundió. Pero Eliseo, el siervo de Dios, hizo que el hacha flotara. Ahora el hombre tiene su hacha otra vez.

¿Qué pasó con el hacha de este hombre?

2 REYES 6

115

Esta gente está contenta. Están cantando y tocando sus panderos y tambores mientras caminan hacia su iglesia. Ellos le dicen a Dios: "¡Gracias por ayudarnos!" Tú y yo también podemos dar gracias a Dios. Podemos inclinar la cabeza y cerrar los ojos y decir: "Gracias, Dios".

¿Qué le dicen estas personas a Dios?
2 CRÓNICAS 20

Cuando el príncipe Joás era un bebé su malvada abuela lo quería matar. Su tío y su tía escondieron a Joás hasta que tuvo siete años. ¡Ahora es el rey!

Los soldados se llevan a su abuela para que no haga más daño. Joás ama a Dios y es un buen rey.

¿Cuántos años tiene Joás?
2 REYES 11

119

Estas personas están reparando el
edificio de su iglesia. El rey Joás sabe que
esto es bueno. La gente quiere tener un
lugar donde todos puedan dar gracias a
Dios por todas las cosas buenas que hace
por ellos.

*¿Por cuáles cosas quieres dar gracias a
Dios?*

2 REYES 12

Jonás no quería obedecer a Dios. Trató de escapar en un barco, pero Dios mandó una tormenta. Jonás fue echado al agua. Un gran pez se lo tragó. Después de tres días el pez vomitó a Jonás en la arena. Ahora Jonás obedecerá a Dios.

¿Qué le pasó a Jonás?

JONAS 1 – 2

123

El rey Acaz es un mal rey. Él les está diciendo a estos hombres que claven las puertas de la iglesia y las cierren. Él no quiere que nadie entre y ore a Dios. Dios lo castigará por hacer esto. ¿Estás feliz porque no han cerrado las puertas de tu iglesia?

¿Qué pasó con las puertas de la iglesia?

2 CRÓNICAS 28

Muchos de los reyes del pueblo de Dios adoraban ídolos. Ellos enseñaron a la gente a adorar a los ídolos. También les pedían a los ídolos que hicieran que sus siembras crecieran. Ellos agradecían a los ídolos por la lluvia. Esto era absurdo. Ahora los hombres del rey Ezequías están rompiendo los ídolos y orarán sólo a Dios.

¿Qué es lo que los hombres están rompiendo?
2 REYES 18

Este hombre está leyendo las reglas de Dios al rey Josías. El rey no sabía de estas reglas. Ahora él las obedecerá y hará lo que Dios quiere. Nosotros tenemos las reglas de Dios en la Biblia. Cuando leemos la Biblia podemos obedecer a Dios y hacerlo feliz.

¿Dónde podemos encontrar las reglas de Dios?

2 REYES 22

Jeremías es uno de los siervos de Dios. Él les dijo a la gente lo que Dios quería que hicieran. Algunos hombres no querían escuchar, entonces lo metieron en un hoyo hondo. Jeremías era valiente. Cuando lo sacaron él siguió diciéndoles lo que Dios quería que ellos hicieran.

¿Cómo se llama este hombre?

JEREMÍAS 38

131

La bella ciudad de Jerusalén se está quemando. Los enemigos de Dios la incendiaron. ¿Por qué Dios les permitió hacer esto? Porque la gente de la ciudad estaban adorando a ídolos y no a Dios.

¿Qué está pasando con la bella ciudad?

JEREMIAS 39

133

Daniel y sus tres amigos están hablando con el rey. El rey quemó la ciudad de Jerusalén donde ellos vivían. Pero ahora el rey quiere a Daniel y sus amigos. El rey les dirá que lo ayuden a gobernar el reino.

¿Qué dirá el rey a Daniel y sus amigos?
DANIEL 1

135

El rey hizo una estatua grandísima de sí mismo y dijo que todos tenían que adorarla. Pero Sadrac, Mesac y Abed-nego no adoraron la estatua. Ellos adorarán sólo a Dios. El rey está furioso y dijo que los castigará. Mira el próximo dibujo y verás lo que pasó.

¿Por qué estos hombres están de pie?
DANIEL 3

137

El rey echó a Sadrac, Mesac y
Abed-nego en el fuego porque ellos
sóloadoraban a Dios. ¡Pero mira! Dios
ha mandado su ángel para cuidarlos.
¡El fuego no los dañó!

¿Quién está cuidándolos en el fuego?
DANIEL 3

139

El rey está asustado. Él ve una mano grande. La mano está escribiendo en la pared. El rey no puede entender las palabras, pero Dios le explica a Daniel que las palabras quieren decir que el rey ha sido malo. Dios no lo dejará ser rey por más tiempo.

¿Qué dicen las palabras en la pared?
DANIEL 5

141

Daniel oraba sólo a Dios. Él no oraría al rey. Los ayudantes del rey castigaron a Daniel poniéndolo en un foso de leones hambrientos. Ellos pensaban que los leones se lo comerían. Pero Dios mandó un ángel para que protegiera a Daniel. Los leones no le hicieron daño.

¿Qué le pasó a Daniel?
DANIEL 6

Esta bella mujer es la reina Ester. Ama a Dios y es buena con el pueblo de Dios. Ella es muy valiente. Ester le está diciendo al rey que ayude al pueblo de Dios. El rey está escuchándola y hará lo que la reina Ester le ha pedido.

¿Cómo se llama la reina?
ESTER 5

144

146

El templo que edificó Salomón fue destruido. Ahora la gente ha construido un nuevo y bonito templo. Es su iglesia. Todas las personas pueden venir y orar. Dios está contento con su pueblo. Él quiere que vayamos a la iglesia y le adoremos.

¿Cómo se llama este bello edificio?
ESDRAS 6

147

El ángel Gabriel le está diciendo a María algo muy importante. ¡Él le está diciendo que ella será la madre del Hijo de Dios! ¡María está muy emocionada! Ella está feliz porque será la madre del Salvador. María llamará al bebé Jesús.

¿Qué le dijo el ángel a María?

LUCAS 1

149

Zacarías y Elisabet están muy contentos con su bebé. Un ángel le dijo a Zacarías que iba a tener un niño y que le llamara Juan. Cuando Juan creció, él le dijo a la gente que Jesús iba a venir. Tú puedes hablar a tus amigos acerca de Jesús también.

¿Cómo se llama el bebé?
LUCAS 1

151

Este es el bebé de María. ¿Puedes acordarte de su nombre? ¡Es Jesús! Él es el Hijo de Dios, pero nació en un establo donde viven borregos y burritos. Él era un gran rey en el cielo antes de venir a la tierra como un bebé.

¿Dónde nació Jesús?
LUCAS 2

Los pastores estaban en el campo cuidando sus ovejas. De repente vieron un ángel. Él les dijo que Jesús había nacido en un establo en Belén. Ahora muchos otros ángeles han llegado. Ellos están alabando a Dios porque Jesús ha venido a salvarnos.

¿Qué les dijo el ángel a los pastores?
LUCAS 2

155

Los pastores corrieron a ver al bebé. Lo encontraron en un establo, como el ángel les había dicho. María está abrazando a su bebé. Jesús parecía un bebé cualquiera, pero los pastores sabían que él era el Hijo de Dios. El ángel les había dicho que Jesús es el Salvador.

¿Dónde los pastores encontraron a Jesús?

LUCAS 2

Simeón es un hombre muy viejo. Él ha esperado por muchos años ver al Hijo de Dios. María y José han traído al bebé Jesús al Templo. ¡Ahora Simeón está muy contento! Él está agradeciendo a Dios por este niño especial. ¡Su larga espera ha terminado!

¿A quién Simeón estaba esperando ver?
LUCAS 2

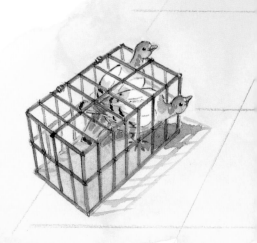

Aquí está el bebé Jesús y su mamá María. Unos magos han venido desde muy lejos a traer regalos a Jesús. Ellos vieron una estrella que los guió hasta Jesús. Los magos saben que Jesús será muy grande e importante. Es por eso que le están trayendo regalos.

¿Por qué ellos le trajeron regalos a Jesús?

MATEO 2

José lleva a María y al bebé Jesús a un viaje largo. Están huyendo de unos hombres que quieren matar al bebé. Ellos van a Egipto. Dios está cuidando a Jesús, por eso le dijo a José que lo llevara muy lejos.

¿Por qué están ellos haciendo un viaje largo?

MATEO 2

163

Jesús y su familia han regresado a su casa. Ahora Jesús es más grande. Él es el Hijo de Dios, pero también es hijo de María. Jesús escucha cuidadosamente a María y a José cuando le enseñan. Ellos le aman, y él les ama y les obedece.

¿Quién era la mamá de Jesús?

LUCAS 2

164

Jesús ya es un niño grande. Él tiene doce años. Ahora está en el Templo hablando con los líderes del pueblo de Dios. Él los escucha y les contesta las preguntas que le hacen. Los líderes están admirados de sus buenas respuestas.

¿De qué los hombres están admirados?
LUCAS 2

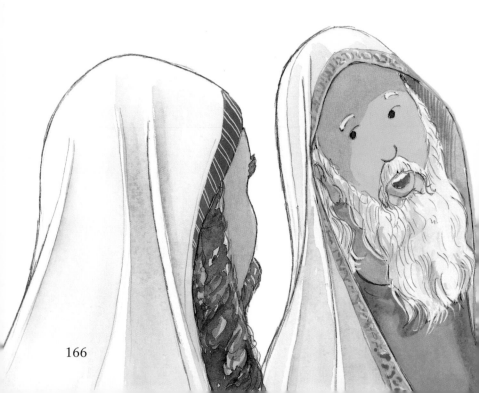

167

Jesús ha crecido y ahora es un hombre. Su primo Juan bautizaba a la gente que amaba a Dios. Juan acaba de bautizar a Jesús en el río. El Espíritu Santo está bajando del cielo en forma de paloma. La voz de Dios desde el cielo dijo: "Jesús es mi Hijo amado".

¿Qué dijo la voz que vino del cielo?
LUCAS 3

169

Una noche Nicodemo visitó a Jesús.
Él le preguntó a Jesús cómo llegar al
cielo. Jesús le dijo que cualquiera que
crea en el Hijo de Dios irá al cielo.
¿Sabes el nombre del Hijo de Dios?
Su nombre es Jesús.

*¿Qué le está preguntando el hombre a
Jesús?*

JUAN 3

171

Jesús habla con sus amigos. Ellos son sus discípulos. Algunos eran pescadores, pero Jesús les está diciendo que le sigan. Ellos le dirán a la gente que Dios les ama. Tú también puedes hablarle a la gente acerca de Jesús, y decir que le amas.

¿Cómo se les llama a los ayudantes de Jesús?

JUAN 1

173

Esta mujer fue a sacar agua del pozo. Jesús le dijo que él le podía dar algo mejor que agua. Él le podía dar una vida feliz con Dios. Ella creyó a Jesús y fue a contarles a sus amigos. Ellos vinieron y también creyeron en Jesús.

¿Qué le podía dar Jesús a la mujer?

JUAN 4

Estos hombres han estado pescando toda la noche. Y no pudieron coger ningún pez. Entonces Jesús vino y les dijo que trataran otra vez. Él hizo que los peces entraran en la red.

Ahora ellos tienen todos estos pescados. Jesús es muy grande. Él puede hacer cualquier cosa.

¿Qué hizo Jesús hacer a los peces?

LUCAS 5

Jesús está hablando a la gente acerca de Dios. Él dice que Dios quiere que seamos buenos con todos. Él no quiere que peleemos o que nos enojemos. Jesús nos dio la Regla de Oro: "Haz a otros lo que quieras que te hagan a ti".

¿Qué puedes hacer para ayudar a alguien?

MATEO 5

179

Esta niña estaba muy enferma. Mientras su papá buscaba a Jesús, la niña murió. Jesús vino a su casa y dijo: "Levántate, niñita", y ella revivió. Puedes ver que ahora ella está bien. ¡Qué cosas tan maravillosas hace Jesús!

¿Qué le pasó a esta niña?
LUCAS 8

181

Este hombre estaba ciego. Cierra tus ojos ahora e imagínate que estás ciego. ¿No es maravilloso poder ver? "¿Crees que puedo darte la vista?", le preguntó Jesús al hombre. "Sí", le respondió el hombre. ¡Entonces Jesús tocó sus ojos y pudo ver!

¿Qué puedes ver cuando cierras los ojos?

MARCOS 8

Jesús estaba durmiendo en el barco durante una gran tormenta. Sus amigos tenían miedo. Pensaron que el barco se iba a hundir. Ellos despertaron a Jesús. "Vamos a morir", ellos gritaron. Pero Jesús se levantó y le dijo a la tormenta que se fuera. Y se fue.

¿Qué le dijo Jesús a la tormenta?
LUCAS 8

Pedro está en el agua. ¡Él necesita ayuda!
Jesús va a ayudarlo. Jesús no se está
hundiendo como Pedro porque es el Hijo de
Dios. ¡Él hasta puede caminar sobre el agua!
Jesús también te ayudará si se lo pides.

¿Podía Pedro caminar sobre el agua?
¿Podía Jesús?
MATEO 14

La gente tenía hambre. Un niñito dio su almuerzo a Jesús. Entonces Jesús hizo que alcanzara para todos. Los ayudantes de Jesús están repartiendo la comida a muchísima gente. ¡Jesús puede hacer cosas maravillosas como esa!

¿Quién le dio su almuerzo a Jesús?
¿Qué hizo Jesús con él?
JUAN 6

Esta mujer está dando todo el dinero que tiene a la casa de Dios. Está agradecida por todo lo que Jesús le ha dado. Ella ama a Dios y sabe que Él la cuidará. Dios quiere que estemos agradecidos por todas las cosas que nos ha dado.

¿Por qué cosa puedes dar gracias a Dios?

LUCAS 21

191

Jesús ama a los niños. Una vez unas madres trajeron sus hijos a Jesús. Los amigos de Jesús les dijeron que se fueran. Jesús dijo: "No se lo impidáis, dejad los niños venir a mí". Entonces Jesús tomó a los niños en sus brazos y los amó. Jesús también te ama a ti.

¿Qué dijeron los amigos de Jesús? ¿Qué dijo Jesús?

LUCAS 18

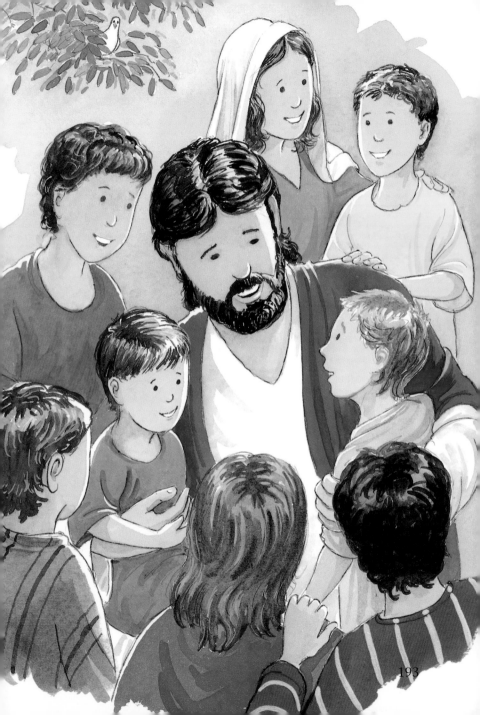

193

El hombre que está en el suelo fue muy lastimado por unos ladrones. Algunas personas lo vieron, pero no lo ayudaron. Ahora un hombre le está ayudando y venda sus heridas. El hombre que le ayudó se llama el buen samaritano. Tú puedes ser un buen samaritano por ayudar a la gente.

¿Qué está haciendo el buen samaritano?

LUCAS 10

195

Un día Jesús fue a comer con sus amigas María y Marta. Marta trabajaba duro para preparar la comida. Ella se enojó porque María estaba escuchando a Jesús. A Jesús le complacía que María le escuchara. Lo que ella hacía era muy importante.

¿Quién estaba escuchando a Jesús?
LUCAS 10

196

Un pastor cuida bien a sus ovejitas, y las busca si están perdidas. Él las toma en sus brazos si se lastiman. Jesús dijo que él es como un pastor. Nosotros somos como las ovejas. Aunque no le podemos ver, sabemos que él nos cuida.

¿Quién es nuestro Buen Pastor?
JUAN 10

199

Lázaro era uno de los amigos de Jesús. Él murió y su cuerpo fue envuelto y puesto en un sepulcro cavado en la roca. Jesús llegó y oró. Entonces Jesús gritó: "Lázaro, ven fuera". ¡Enseguida Lázaro revivió y salió!

¿Qué le dijo Jesús a Lázaro?
JUAN 11

Los diez hombres en el dibujo estaban muy enfermos. Ellos le pidieron a Jesús que los sanara, y él los sanó. Pero solamente uno regresó a agradecer a Jesús. Yo espero que tú te acuerdes de decir: "Gracias", cuando alguien te ayude. Y siempre recuerda dar gracias a Dios.

¿Cuántos de estos hombres dieron gracias a Jesús?
LUCAS 17

Este hombre rico le preguntó a Jesús cómo él podría ir al cielo. Jesús sabía que él amaba su dinero más que a Dios. Jesús le dijo que repartiera su dinero y que diera su vida a Dios. Para ir al cielo él tenía que amar más a Dios que a su dinero.

¿Qué cosa este hombre amaba más?

LUCAS 18

Este padre recibe contento a su hijo. Su hijo se fue de la casa y acaba de regresar. ¡Él pensó que su papá no lo iba a querer más! Pero su padre está muy feliz. Dios es nuestro Padre celestial, y él se pone contento cuando acudimos a él.

¿Quién es tu Padre en los cielos?
LUCAS 15

207

Zaqueo se subió a un árbol para ver a Jesús. Jesús habla con él y le dice: "Baja, porque voy a ir a tu casa hoy". Zaqueo está muy contento por esto. ¿Estás contento porque Jesús ha venido a tu casa?

¿Qué le dijo Jesús a Zaqueo?
LUCAS 19

Jesús entra a Jerusalén montado en un burrito. La niñita está cantando de cuán maravilloso es Jesús. Los papás y las mamás agitan hojas de palmas para demostrar su alegría. Todos ellos quieren que Jesús sea su nuevo rey.

¿Qué está haciendo la niña?
LUCAS 19

211

Jesús lava los pies de uno de sus amigos. Por lo general las personas mayores lavan sus propios pies. A ellos no les gusta lavar los pies de otras personas. Pero debemos ayudar a la gente, aunque no nos guste.

¿Puedes pensar de una vez cuando tú querías jugar, pero en vez de jugar ayudaste a tu mamá?
JUAN 13

Jesús come con sus buenos amigos por última vez. Esta ocasión se llama la última cena. Él les ha dicho que pronto Judas traerá a los soldados y se lo llevarán. Entonces él va a morir. Jesús murió para ser nuestro Salvador.

¿Quiénes se llevarán a Jesús?
LUCAS 22

215

Jesús está orando. Él sabe que pronto morirá por nuestros pecados. Le está pidiendo a Dios que le ayude. Él está dispuesto a morir si Dios lo quiere así. Tú y yo deberíamos ser como Jesús. Siempre deberíamos hacer lo que Dios quiere que hagamos.

¿Qué está haciendo Jesús?
LUCAS 22

Ahora algo muy triste está ocurriendo.
Judas y los soldados llegaron para
llevarse a Jesús. Todos los amigos de Jesús
huyeron porque tenían miedo. Ellos no
trataron de ayudarle.

¿Qué hicieron los amigos de Jesús?
LUCAS 22

219

Pedro es uno de los amigos de Jesús que huyeron cuando los soldados llegaron. Ahora Pedro está diciendo una mentira. Él dice que no conoce a Jesús. Tiene miedo de que la gente le haga daño por ser amigo de Jesús. Nunca tengas miedo de decirle a la gente que amas a Jesús.

¿Por qué Pedro dijo una mentira?
LUCAS 22

221

Los soldados llevaron a Jesús a un hombre llamado Pilato. Pilato puede decirles que dejen ir a Jesús. Pero Pilato tiene miedo de decirlo. Él tiene miedo de que la gente no lo quiera si deja ir a Jesús. Entonces dijo: "Jesús debe morir".

¿Por qué Pilato tenía miedo de dejar ir a Jesús?
LUCAS 23

Están matando a Jesús. Él está muriendo en una cruz. ¿Por qué lo matan? ¿Él ha hecho algo malo? ¡No! Él muere por todas las cosas malas que tú y yo hemos hecho. Jesús está dejando que Dios lo castigue por nuestros pecados.

¿Por qué murió Jesús?
LUCAS 23

224

Después que Jesús murió, sus amigos pusieron su cuerpo en una tumba. Ahora es la mañana de Resurrección. Dos mujeres miran dentro de la tumba. ¡Pero el cuerpo de Jesús no está ahí! ¡Dios resucitó a Jesús y éste salió! ¡Jesús está vivo otra vez!

¿Está Jesús todavía en la tumba?

LUCAS 24

227

Después que Jesús resucitó habló con sus amigos. ¡Pero ellos no sabían que era Jesús! Ellos estaban muy tristes porque pensaban que Jesús estaba muerto. ¡De repente se dieron cuenta de que era Jesús! ¡Qué contentos se pusieron al saber que Jesús había resucitado!

¿Por qué los amigos de Jesús estaban tristes?

LUCAS 24

¡Mira lo que está pasando! ¡Jesús sube al cielo! ¡Él regresa otra vez al cielo donde está su Padre! Él se despide de sus amigos. Pero dijo que regresaría. Entonces ellos estarán siempre con él. Nosotros también estaremos con él.

¿Adónde se está yendo Jesús?
LUCAS 24

231

Semanas después que Jesús se fue al
cielo, él mandó al Espíritu Santo para
que viviera en nuestros corazones. Todos
los amigos de Jesús estaban juntos. De
repente ellos vieron pequeñas lenguas de
fuego sobre sus cabezas. ¿Puedes
señalarlas? ¡Entonces los amigos de Jesús
empezaron a hablar en otros idiomas que
nunca habían aprendido!

¿Qué estaba sobre sus cabezas?
HECHOS 2

Este hombre nunca había podido caminar. Ni cuando era chiquito. Pero ahora puedes verlo saltar de felicidad. ¿Qué ha pasado? ¡Los amigos de Jesús, Pedro y Juan, le dijeron a su enfermedad que se fuera! El Espíritu Santo les dio ese poder.

¿Qué hicieron Pedro y Juan?
HECHOS 3

El hombre arrodillado es Esteban. Él les dijo a todos que solamente Jesús podía perdonar sus pecados. Él no paraba de decirles cuán maravilloso es Jesús. Esto enojó a la gente. Ellos le lanzaron piedras hasta que murió y fue al cielo con Jesús.

¿Por qué la gente estaba enojada?
HECHOS 7

Dios envió a su amigo Felipe a que
hablara con el hombre en la carroza.
Felipe le habla de Dios. El hombre quiere
ser amigo de Dios. Felipe le dice que
puede ser amigo de Dios si cree en Jesús.
Tú también puedes ser amigo de Dios.

¿Qué le dijo Felipe al hombre?
HECHOS 8

238

Pablo era enemigo de Jesús. Él iba a hacer daño y matar a las personas que creían en Jesús. De repente apareció una luz muy brillante y Pablo cayó del caballo. Jesús le habló desde el cielo. Después de eso Pablo comenzó a decirles a todos que Jesús es el Hijo de Dios.

¿Quién le habló a Pablo desde el cielo?
HECHOS 9

Pedro está en la cárcel por decirles a la gente que Jesús les ama y que murió por ellos. Dios mandó un ángel para que ayudara a Pedro. ¡El ángel hizo que las cadenas que tenía en las manos y los pies se soltaran! Las puertas de la cárcel estaban cerradas, pero el ángel las abrió sin ninguna llave, y Pedro salió.

¿Qué pasó con las cadenas de Pedro?
HECHOS 12

243

La abuelita de Timoteo le lee una historia de la Biblia. Cuando él crezca les hablará a mucha gente acerca de la Biblia y de Jesús. La Biblia es el libro que Dios nos dio. Nos dice que Dios nos ama mucho.

¿Tienes tu propia Biblia?
2 TIMOTEO 1

¿Te acuerdas de Pablo? Ahora es amigo de Dios. Él está comenzando un largo viaje en este barco. Va a otro país. Él les dirá a la gente que Jesús les ama. Pablo era un misionero. Tal vez un día tú serás un misionero.

¿Adónde va Pablo?
HECHOS 13

247

Pablo y Silas están en la cárcel. Ellos están ahí porque hablaron a mucha gente acerca de Jesús. Pero Dios rescató a sus amigos. Él envió un gran terremoto, y sus cadenas se soltaron. ¡Las puertas de la cárcel estaban cerradas pero se abrieron!

¿Cómo Dios rescató a Pablo y a Silas?
HECHOS 16

Pablo estaba en un barco en medio de una gran tormenta. El barco se hundió, pero Dios cuidó a Pablo y a todos los que iban en el barco. Todos ellos nadaron hasta la orilla. Dios no quería que Pablo muriera todavía porque quería que él fuera un misionero. Dios quería que Pablo les hablara a todos de Jesús.

¿Que pasó con el barco?
HECHOS 27

251

Pablo está en la cárcel otra vez. Él ha estado ahí por muchísimo tiempo. Esta vez Dios no mandó un terremoto para sacarlo. Dios todavía le amaba, igual que siempre, pero no le rescató. A veces Dios permite que nosotros tengamos problemas también. Pero él nos ama siempre.

¿Dónde está Pablo?
HECHOS 28

252

253

Uno de los mejores amigos de Jesús era Juan. Cuando Juan era viejo, tuvo una gran visión, o sueño, acerca del cielo. En su visión él vio a Jesús en el cielo. Juan escribió lo que vio. Su libro se llama Apocalipsis. Está en la Biblia.

¿Quién vio el cielo en una visión?
APOCALIPSIS 1

254